Die Rechte des Erben am Facebook-Account des Erblassers

Franca Schauer

Bibliografische Information der Deutschen Nationalbibliothek:

Die Deutsche Nationalbibliothek verzeichnet diese Publikation in der Deutschen Nationalbibliografie; detaillierte bibliografische Daten sind im Internet über http://dnb.d-nb.de abrufbar.

ISBN: 9783346466235
Dieses Buch ist auch als E-Book erhältlich.

Druck und Bindung: Books on Demand GmbH, Norderstedt Germany
Gedruckt auf säurefreiem Papier aus verantwortungsvollen Quellen

Das vorliegende Werk wurde sorgfältig erarbeitet. Dennoch übernehmen Autoren und Verlag für die Richtigkeit von Angaben, Hinweisen, Links und Ratschlägen sowie eventuelle Druckfehler keine Haftung.

Das Buch bei GRIN: https://www.grin.com/document/1044756

Bachelor-Arbeit im Studiengang Law in Context

Die Rechte des Erben am Facebook-Account des Erblassers

LITERATURVERZEICHNIS

Beck'scher Kommentar zum TKG, 4. Auflage 2013, (zitiert *Bock,* Michael in TKG, §88)

Berberich, Matthias, Der Content „gehört" nicht Facebook! – AGB-Kontrolle der Rechteeinräumung an nutzergenerierten Inhalten, MMR 2010, 736- 741

Bräutigam, Peter, Das Nutzungsverhältnis bei sozialen Netzwerken – Zivilrechtlicher Austausch von IT-Leistung gegen personenbezogene Daten, MMR 2012, 635- 641

Bräutigam, Peter, Stellungnahme des Deutschen Anwaltvereins durch die Ausschüsse Erbrecht, Informationsrecht und Verfassungsrecht zum Digitalen Nachlass, Nr. 34, München 2013, S. 25ff.

Brinkert, Maike/*Stolze,* Michael/*Heidrich,* Joerg, Der Tod und das soziale Netzwerk – Digitaler Nachlass in Theorie und Praxis, ZD 2013, 153- 157

Brisch, Klaus/*Müller-ter Jung,* Marco: Digitaler Nachlass – Das Schicksal von E-Mail- und De-Mail-Accounts sowie Mediencenter-Inhalten, CR 2013, 446- 455

Deusch, Florian, Anmerkung zum LG Berlin, Urt. v. 17.12.2015 – 20 O 172/15 = ZEV 2016, 189f.

Deusch, Florian, Digitales Sterben: Das Erbe im Web 2.0, ZEV 2014, 2- 8

Gloser, Stefan, Anmerkung zum LG Berlin, Urt. v. 17.12.2015 – 20 O 172/15 = DNotZ 2016, 537f.

Herzog, Stephanie, Der digitale Nachlass – ein bisher kaum gesehenes und häufig missverstandenes Problem, NJW 2013, 3745- 3751

Herzog, Stephanie, Stellungnahme des Deutschen Anwaltvereins durch die Ausschüsse Erbrecht, Informationsrecht und Verfassungsrecht zum Digitalen Nachlass, Nr. 34, Würselen 2013, S. 49 ff.

Hoeren, Thomas, Der Tod und das Internet – Rechtliche Fragen zur Verwendung von E-Mail- und WWW-Accounts nach dem Tode des Inhabers, NJW 2005, 2113- 2117

Hornung, Gerrit/*Müller-Ternitz,* Ralf, Rechtshandbuch Social Media, Passau/Mannheim 2015

Klas, Benedikt/*Möhrke-Sobolewski,* Christine, Digitaler Nachlass – Erbenschutz trotz Datenschutz, NJW 2015, 3473- 3478

Knoop, Martina, Digitaler Nachlass – Vererbbarkeit von Konten (minderjähriger) Nutzer in Sozialen Netzwerken, NZFam 21/2016, S. 966- 970

Kutscher, Antonia, Der Digitale Nachlass, Schriften zum deutschen und internationalen Persönlichkeits- und Immaterialgüterrecht Band 40, Dissertation, Göttingen 2015

Litzenburger, Wolfgang, Anmerkung zum KG Berlin, Urt. v. 31.05.2017- 21 U 9/16 = BeckRS 2017, 111509 = FD-ErbR 2017, 392155

Nomos Kommentar zum Telemediengesetz, 1. Aufl., Frankfurt am Main 2012, (zitiert *Müller- Broich,* Jan in Nomos-BR TMG, §3)

Martini, Mario, Der digitale Nachlass und die Herausforderung postmortalen Persönlichkeitsschutzes im Internet, JZ 2012, 1145- 1155

Mayen, Thomas, Stellungnahme des Deutschen Anwaltvereins durch die Ausschüsse Erbrecht, Informationsrecht und Verfassungsrecht zum Digitalen Nachlass, Nr. 34, Bonn 2013, S. 76 ff.

Münchener Kommentar zum BGB, 7. Aufl., München 2017, (zitiert *Leipold,* Dieter in: MüKo BGB, §1922; zitiert *Musielak,* Hans-Joachim in MüKo BGB, §2373; zitiert *Müller-Glöge*, Rudi in MüKo BGB, §612)

Pruns, Matthias, Keine Angst vor dem digitalen Nachlass! Erbrechtliche Grundlagen – Alte Probleme in einem neuen Gewand? NWB Nr. 40, 30.09.2013, 3161- 3167

Solmecke, Christian/*Köbrich,* Thomas/*Schmitt,* Robin, Der digitale Nachlass – haben Erben einen Auskunftsanspruch? – Überblick über den rechtssicheren Umgang mit den Daten von Verstorbenen, MMR 2015, 291- 295

J. von Staudinger Kommentar zum BGB- Buch 5: Erbrecht, Neubearbeitung 2008, (zitiert *Staudinger*, Julius/ *Marotzke*, Wolfgang in: BGB, §1922)

Steiner, Anton/*Holzer,* Anna, Praktische Empfehlung zum digitalen Nachlass, ZEV 2015, 262- 266

Abkürzungsverzeichnis

a.A.	anderer Ansicht
Abs.	Absatz
Anm.	Anmerkung
Aufl.	Auflage
Ap	Arbeitsrechliche Praxis
Art.	Artikel
BDSG	Bundesdatenschutzgesetz
BeckRS	Beck online Rechtsprechung
Beschl. v.	Beschluss von
BGB	Bürgerliches Gesetzbuch
BGH	Bundesgerichtshof
BGHZ	Entscheidungen des Bundesgerichtshofs in Zivilsachen
BNotO	Bundesnotarordnung
BRAO	Bundesrechtsanwaltsordnung
Bsp., bspw.	Beispiel, beispielsweise
BVerGE	Entscheidungen des Bundesverfassungsgerichts
bzw.	beziehungsweise
CR	Computer und Recht Zeitschrift
DAV	Deutscher Anwaltverein
d.h	das heißt
DNotZ	Deutsche Notarzeitschrift
Ebda	ebenda – das Zitat betrifft die unmittelbar vorangegangene Fundstelle
EU	Europäische Union
f., ff.	folgende, fortfolgende
FD- ErbR	Fachdienst Erbrecht
gem.	gemäß
GG	Grundgesetz
h.M.	herrschende Meinung
Hrsg.	Herausgeber
IT	Informationstechnik
i.V.m.	in Verbindung mit
JZ	JuristenZeitung
Kap.	Kapitel
KG	Kammergericht
Komm.	Kommentar
LG	Landgericht
MMR	Multimedia und Recht Zeitschrift
MüKo	Münchener Kommentar
NJW	Neue Juristische Wochenzeitschrift
Nomos-BR	Nomos Bundesrecht
Nr.	Nummer
NVwZ	Neue Zeitschrift für Verwaltungsrecht
NWB	NWB – deutscher Fachverlag
NZFam	Neue Zeitschrift für Familienrecht

Rn., Rdn.	Randnummer
S.	Satz
StGB	Strafgesetzbuch
TKG	Telekommunikationsgesetz
TMG	Telemediengesetz
Urt. v.	Urteil von
USA	Vereinigten Staaten von Amerika
usw.	und so weiter
vgl.	vergleiche
z.B	zum Beispiel
ZD	Zeitschrift für Datenschutz
ZEV	Zeitschrift für Erbrecht und Familiennachfolge

Inhaltsverzeichnis

A. Einleitung

Der Begriff des digitalen Nachlasses hat in den vergangenen Jahren an medialer Aufmerksamkeit gewonnen. Mit der Digitalisierung personenbezogener Informationen, die zunehmend nur noch in digitaler Form gespeichert werden, sind insbesondere rechtliche Gesichtspunkte von besonderer Bedeutung, um zu gewährleisten, dass die dort hinterlegten Werte sowohl für Erben als auch für die Gesellschaft weiterhin verfügbar bleiben.

Ein aktuelles Beispiel ist der Rechtsstreit über die Frage, ob Erben Anspruch auf den Zugang zu den sozialen Netzwerken des Erblassers haben. Grundsätzlich gilt, dass beim Tod des Inhabers eines Facebook-Accounts dieser bestehen bleibt. Sämtliche Daten und Inhalte bleiben auf dem Facebook-Server gespeichert und sind technisch weiterhin verfügbar.[1]

Vorliegend klagten Eltern gegen Facebook, um Zugang zu dem Account ihrer minderjährigen Tochter zu erhalten. Sie erhofften sich durch den Inhalt Aufschluss über deren Todesursache. In erster Instanz wurde zugunsten der Eltern entschieden. Das Urteil das LG Berlin stellte die erbrechtliche Betrachtung bei der Urteilsbegründung in den Mittelpunkt. In zweiter Instanz entschied das KG Berlin zugunsten von Facebook. Für die Urteilsbegründung waren die datenschutzrechtlichen Bestimmungen maßgeblich, die einer Weitergabe der Daten von Facebook an die Eltern entgegenstehen.

Dies zeigt, wie kontrovers die rechtlichen Sachverhalte im Rahmen des digitalen Nachlasses beurteilt werden. Folgende Fragestellungen sind zur Beurteilung der Rechtslage relevant:

Welche vertraglichen Beziehungen wurden zwischen Facebook und dem Nutzer vereinbart?

Welche Aspekte sind für die erbrechtliche Beurteilung des digitalen Nachlasses unter zivilrechtlichen Gesichtspunkten relevant?

Abschließend ist zu betrachten, welchen gesetzlichen Regelungen, die dem Zugriff auf den digitalen Nachlass durch den Erben entgegenstehen, Facebook unterliegt.

---

[1] *Hornung/Müller-Ternitz,* Rechthandbuch Social Media, 2015, Kap. 7.5.5.1, Rn. 92.

B. Nutzung von Facebook durch einen privaten Nutzer

I. Begriffserklärung Facebook-Account

1. Aus technischer Perspektive

‚Account' ist der englische Begriff für ein (Benutzer-)Konto. Dieser regelt die Zugangsrechte und die Zugangsberechtigung eines zugangsbeschränkten IT-Systems.[2] Im Rahmen eines Accounts stellt Facebook dem Nutzer die technische Infrastruktur zur Verfügung,[3] auf die dieser mittels seiner Zugangsdaten zugreifen kann. Nutzer außerhalb der USA und Kanada schließen mit Facebook einen Nutzungsvertrag ab. Durch Registrierung erklärt sich ersterer mit den Nutzungsbedingungen einverstanden und unterhält von nun an unter entsprechendem Nutzernamen einen Account. Für die Nutzung des Dienstes von Facebook ist die Eingabe der Kontozugangsdaten der Nutzer in Form von Benutzername und Passwort erforderlich.[4]

Nach Freischaltung des Accounts durch Facebook kann der neue Nutzer über das Internet Inhalte kommunizieren und austauschen. Die Nutzer kommunizieren dabei synchron und asynchron.[5] Dies bedeutet, die Kommunikationsinhalte werden von Facebook oder aber im Auftrag von Facebook gespeichert und für eine langfristige Nutzung hinterlegt.

2. Das Facebook-Angebot für den Nutzer

Facebook ist eine Kommunikationsplattform mit der Zielrichtung der Selbstdarstellung, des Austausches und der Speicherung von Informationen, der Kommunikation und Interaktion und schließlich des Aufbaus und der Pflege sozialer und auch geschäftlicher Beziehungen.[6] Den Nutzern steht eine Vielzahl von Kommunikationsmöglichkeiten zur Verfügung, wie das Hochladen von Bildern und Videos, das Teilen von Links zu anderen Webseiten, das Posten von Kommentaren auf Profilen und das individuelle Posten und Senden von persönlichen Mitteilungen an andere Nutzer.[7] In den Privatsphäre-Einstellungen können Nutzer genau festlegen, wer die individuellen Posts sehen kann.

---

[2] Vgl. *Bräutigam,* Stellungnahme DAV Nr. 34, S. 93.
[3] *Bräutigam,* MMR 2012, 635 (636).
[4] *Deusch,* Anm. zum LG Berlin, Urt. v. 17.12.2015 – 20 O 172/15 = ZEV 2016, 189 (189).
[5] *Deusch,* ebda.
[6] *Kutscher,* Der digitale Nachlass 34, 2013, S. 45.
[7] *Deusch,* Anm. zum LG Berlin, Urt. v. 17.12.2015 – 20 O 172/15 = ZEV 2016, 189 (189).

3. Aus wirtschaftlicher Sicht

Für private Nutzer ist die Facebook-Nutzung entgeltfrei. Allerdings räumt der Nutzer Facebook als Gegenleistung die Nutzung seiner personenbezogenen Daten zu Werbezwecken ein.

Der Gesamtumsatz von Facebook lag im Jahr 2016 bei 27,6 Milliarden Euro.[8] Die Verwendung der Nutzerdaten erfolgt durch die Zustimmung des Nutzers zu den Nutzungsbedingungen bei Registrierung. Ohne diese Zustimmung kann ein Nutzer keinen Facebook-Account eröffnen.

II. Vertragliche Beziehung zwischen Facebook und dem Nutzer

Die Rechtsnatur der Nutzungsvereinbarung wird nicht einheitlich beurteilt. Gängige Meinung ist, dass es sich um einen Vertrag *sui generis* handelt, der dienst-, miet- und werkvertragliche Elemente enthält.[9] Der Account-Inhaber kann einerseits die Infrastruktur des sozialen Netzwerkes nutzen, was dienstvertraglichen Charakter hat, andererseits erhält er einen virtuellen Raum zur Selbstdarstellung, auf dem er Textbeiträge, Bilder und Videos veröffentlichen kann, was miet- und werkvertragliche Elemente aufweist.[10]

„Facebook ist und bleibt kostenlos."[11] Zum Wesen des Dienstvertrages hingegen gehört das Entgelt, denn es handelt sich hierbei um einen gegenseitigen Vertrag. Das Entgelt muss jedoch nicht notwendigerweise eine Geldleistung sein.[12] Dass keine Geldleistung vom Nutzer geschuldet wird, steht der schuldrechtlichen Natur nicht entgegen.[13] Im Synallagma kommt jede geldwerte Gegenleistung in Betracht. Die Einräumung der Nutzung personenbezogener Daten zu Werbezwecken ist charakteristisch für Facebook.[14]

Die Einwilligung, während der Nutzung Werbung eingeblendet zu erhalten, zählt ebenso zu den geldwerten Leistungen. Das Nutzungsverhältnis muss als synallagmatisches Austauschverhältnis verstanden werden. Die Daten als kommerzielles Gut und

---

[8] *Facebook* (Hrsg.), https://allfacebook.de/zahlen_fakten/nutzer-und-umsatzzahlen-facebook (Abruf vom 26.06.2017).
[9] Vgl. *Bräutigam,* MMR 2012, 635 (649).
[10] *Knoop,* NZFam 2016, 966 (967).
[11] Slogan auf der Facebook-Seite unter www.facebook.com (Abruf am 26.06.2017).
[12] *Müller-Glöge,* in: MüKo BGB, § 612 Rn. 25.
[13] Vgl. *Brinkert/Stolze/Heidrich,* ZD 2013, 153 (154); *Deusch,* Anm. zum LG Berlin, Urt. v. 17.12.2015 – 20 O 172/15 = ZEV 2016, 189 (190).
[14] *Bräutigam,* MMR 2012, 635 (636).

die Einwilligung zur Einblendung der Werbung stellen die Gegenleistung für die Nutzung der IT-Struktur dar.[15] Zumindest wird einheitlich davon ausgegangen, dass es sich auch bei den kostenlosen Nutzungsverträgen mit Facebook um schuldrechtliche Verträge handelt.[16] Schuldrechtliche Verträge werden nach den Grundsätzen des Zivilrechts vererbt.

III. Nutzungsbedingungen und Richtlinien

1. Allgemeine Informationen

Die Nutzungsbedingungen von Facebook sind vorformulierte Vertragsbedingungen, welche der Nutzer mit Abschluss des Nutzungsvertrags akzeptiert. Die Nutzungsbedingungen unterliegen dem deutschen Recht,[17] damit ist der Anwendungsbereich der §§ 305 ff. BGB eröffnet.[18] Die Datenschutzrichtlinie beschreibt, welche Informationen gesammelt und wie sie weiterverwendet werden. Im Gemeinschaftsstandard ist festgelegt, welche Inhalte auf Facebook geteilt werden können bzw. welche unter Umständen gemeldet und von Facebook entfernt werden müssen.

2. Facebook-Regelungen bei Tod des Nutzers

Die von Facebook angebotenen Möglichkeiten zur Handhabung des Accounts im Todesfall befinden sich nicht in den Nutzungsbedingungen, sondern in den Datenverwendungsrichtlinien bzw. Onlinehilfefunktionen. Grundsätzlich gilt, dass ohne Meldung des Todesfalls das Facebook-Konto des Verstorbenen unverändert mit allen Funktionen erhalten bleibt. Eine Löschung oder Deaktivierung des Kontos erfolgt auch dann nicht, wenn auf dem Konto keine Aktivitäten mehr stattfinden.

Der Erblasser kann seinem Willen Ausdruck verleihen, indem er in den Einstellungen festlegt, ob im Falle seines Todes sein Account gelöscht oder in den „Gedenkzustand" versetzt werden soll. Trifft der Account-Inhaber keine Regelung, wird der jeweilige Account bei Tod automatisch in den Gedenkzustand versetzt. Den Todesfall können Personen, deren Facebook-Konto mit dem Facebook-Account des verstorbenen Nutzers verknüpft ist, sowie Familienangehörige über ein Onlineformular melden. Beizufügen ist der Scan einer Todesanzeige oder ein Nachruf.

---

[15] *Kutscher,* Der digitale Nachlass 34, 2013, S. 45.
[16] *Deusch,* Anm. zum LG Berlin, Urt. v. 17.12.2015 – 20 O 172/15 = ZEV 2016, 189 (190).
[17] *Facebook* (Hrsg.), https://www.facebook.com/terms/provisions/german/index.php – Ziffer 5 (Abruf vom 26.06.2017). Diese Erklärung unterliegt deutschem Recht.
[18] *Berberich,* MMR 2010, 736 (737).

Es ist nicht vorgesehen, dass die Erben oder die Angehörigen Zugangsmöglichkeiten zum Account des Verstorbenen erhalten. Inhalte des Facebook-Kontos werden den Erben oder Familienangehörigen ebenfalls nicht überlassen. Für die Übertragung von Facebook-Credits – die virtuelle Währung der Facebook-Plattform, mit der bestimmte Spiele und Anwendungen gezahlt werden – auf die Erben gibt es keine Regelung.[19]

a) Gedenkzustand

Bei Kenntnis über den Todesfall versetzt Facebook, falls nicht anderes vom Verstorbenen angegeben wurde, den Account in den *„Gedenkzustand"*. Ein Facebook-Account im Gedenkzustand erlaubt keine Anmeldung mehr. Ein Zugriff auf die im Account gespeicherten Daten ist nicht mehr möglich, selbst wenn die Erben über die Zugangsdaten verfügen. Facebook-Freunde können Erinnerungen über die Facebook-Chronik des Verstorbenen je nach dessen Privatsphäre-Einstellungen teilen und Nachrichten an das Konto des Verstorbenen senden. Alle vom Verstorbenen geteilten Inhalte bleiben für dessen Facebook-Freunde sichtbar. Neue Freundschaften können nicht mehr hergestellt werden.[20]

b) Nachlasskontakt

Für volljährige Nutzer besteht die Möglichkeit, zu Lebzeiten einen Nachlasskontakt auszuwählen, der sich im Todesfall um das Konto kümmert und beschränkten Zugriff auf den Account des Verstorbenen hat. Ihm steht die Möglichkeit zu, Freundschaftsanfragen anzunehmen, das Profilbild zu aktualisieren oder einen öffentlichen Beitrag auf dem Profil zu veröffentlichen. Der Nachlasskontakt kann sich jedoch nicht auf dem Account des Nutzers anmelden und hat damit keinen Zugriff auf die gespeicherten Inhalte.[21]

---

[19] *Deusch*, ZEV 2014, 2 (4).
[20] Vgl. *Brinkert/Stolze/Heidrich*, ZD 2013, 153 (156).
[21] *Facebook* (Hrsg.), https://www.facebook.com/help/www/1506822589577997/?helpref=hc_fnav (Abruf vom 26.06.2017).

c) Löschung des Facebook-Accounts

Die Löschung des Facebook-Accounts eines Verstorbenen können *„rechtliche Vertreter oder unmittelbare Familienangehörige"*[22] beantragen. Vorzulegen sind eine Geburts- und eine Sterbeurkunde sowie ein Nachweis über die Befugnis, den Verstorbenen bzw. dessen Nachlass zu vertreten.

d) Zugriff auf die gespeicherten Daten

Facebook bietet grundsätzlich die Möglichkeit, die Inhalte eines verstorbenen Nutzers anzufordern. Facebook gibt jedoch keine Auskunft darüber, nach welchen Verfahren und Regeln eine solche Anfrage positiv beschieden wird. Die bisherigen Reaktionen seitens Facebook legen zumindest bei den deutschen Facebook-Accounts nah, dass dies juristisch durchgesetzt werden muss.[23]

C. Erbrechtliche Beurteilung des Facebook-Accounts

I. Anspruch des Erben auf Zugriff des Facebook-Accounts

Die erbrechtliche Behandlung des sog. „digitalen Nachlasses", zu dem ein Benutzer-Account in einem sozialen Netzwerk Facebook-Account gehört, ist in letzter Zeit kontrovers beurteilt worden. Es geht um die Ermöglichung des Zugriffs auf die im Account befindlichen Inhalte im Sinne eines passiven Leserechts.[24] Zu prüfen ist die Anwendbarkeit der allgemeinen Grundsätze der Vererbbarkeit und der Gesamtrechtsnachfolge.[25]

1. Grundsätze der Vererbbarkeit – Ausgangspunkt § 1922 BGB

Mangels spezialgesetzlicher Regelungen für digitale Nachlässe ist für die Berechtigung der Erben am Account des Nutzers § 1922 BGB heranzuziehen. In dieser Norm kommt das Prinzip der Gesamtrechtsnachfolge (Universalsukzession) zum Ausdruck: Mit dem Tode einer Person (Erbfall) geht deren Vermögen (Erbschaft) als Ganzes auf eine oder mehrere andere Personen (Erben) über. Der Begriff des „Vermögens" in § 1922 BGB ist weit auszulegen.[26] Gemeint ist das „vererbbare Vermögen" in einem

---

[22] *Facebook* (Hrsg.), https://www.facebook.com/help/contact/228813257197480 (Abruf vom 26.06.2017).

[23] *Facebook* (Hrsg.), https://www.facebook.com/help/www/1506822589577997/?helpref=hc_fnav (Abruf vom 26.06.2017).

[24] KG Urt. v. 31.5.2017 – 21 U 9/16, (BeckRS 2017, 111509), Rn. 54.

[25] *Leipold,* in: MüKo BGB, § 1922 Rn. 24.

[26] *Herzog,* NJW 2013, 3745, (3747).

möglichst umfassenden Sinn, sodass die gesamte Rechts- und Pflichtenstellung des Erblassers „als Ganzes" auf die Erben übergeht. Dingliche Rechte sind grundsätzlich von der Gesamtrechtsnachfolge erfasst, wobei nicht die Sache als solche, sondern die dingliche Position an ihr (z. B. das Eigentum) vererbt wird.[27] Vererblich sind darüber hinaus sämtliche Rechte und Forderungen sowie umgekehrt Verbindlichkeiten (§ 1967 I BGB). Die Erbschaft umfasst damit auch schuldrechtliche Ansprüche und darüber hinaus ganze Vertragsverhältnisse, welche der Erblasser eingegangen ist.[28]

Fraglich ist, ob es sich beim Facebook-Account um einen vererbbaren Vermögenswert handelt[29] oder ob er aufgrund seines höchstpersönlichen Charakters vom vererbbaren Vermögen ausgeschlossen ist.

a) Restriktive Auslegung des Vermögensbegriffs

In der Literatur wird teilweise eine Differenzierung des Vermögensbegriffs vorgenommen. Eine restriktive Auslegung des Vermögensbegriffs unterscheidet strikt zwischen vermögensrechtlichen (vererbbaren) und nicht vermögensrechtlichen (nicht vererbbaren) Teilen. Unter nicht vermögensrechtlichen Teilen werden Inhalte höchstpersönlichen Charakters gezählt, die für den Erblasser von besonderem ideellen und persönlichen Wert waren. Daraus ergeben sich Bezüge zum postmortalen Persönlichkeitsschutz, der sich aus dem allgemeinen Persönlichkeitsrecht (Art. 2 Abs. 1 i. V. m Art. 1 Abs. 1 GG) ableitet. In Bezug auf den digitalen Nachlass wird diskutiert, ob höchstpersönliche Nachrichten mit ausschließlich nicht vermögensrechtlichem Bezug grundsätzlich vererbbar sind.[30] Die Informationen könnten sich nämlich erheblich auf das Andenken des Verstorbenen auswirken und seine öffentliche Wahrnehmung entsprechend beeinträchtigen.[31] Dieser Argumentation folgend bestünde dann für Facebook die Pflicht, die Account-Daten über den Tod hinaus gegenüber jedermann zu schützen, sollte der Erblasser die Freigabe zu Lebzeiten nicht verfügt haben. In Konsequenz bedeutet dies, dass ein neutraler Dritter treuhänderisch die vermögensrechtlichen von den höchstpersönlichen Inhalten trennen müsste, dem tatsächlichen oder mutmaßlichen

---

[27] *Staudinger/Marotzke*, BGB, §1922 Rn: 236.
[28] *Herzog*, NJW 2013, 3745 (3747).
[29] *Litzenburger*, Anm. zum KG Berlin, Urt. v. 31.05.2017- 21 U 9/16 = FD-ErbR 2017, 392155.
[30] *Hoeren*, NJW 2005, 2113 (2114).
[31] *Hoeren*, ebda.

Willen des Erblassers entsprechend.[32] Auch diese Selektierung erfordert wieder eine Wahrnehmung der, möglicherweise höchstpersönlichen, Inhalte.[33]

Zudem stößt eine restriktive Auslegung des Vermögensbegriffs in § 1922 BGB in der Praxis an ihre Grenzen.[34] Für eine differenzierende Beurteilung müsste der Inhalt des gesamten Accounts objektiv in höchstpersönliche Daten und rein vermögensrechtliche Daten unterschieden werden. Es ist fraglich, ob dies von einem neutralen Dritten inhaltlich geleistet werden kann.

Ein Facebook-Account weist eher Inhalte mit überwiegend höchstpersönlichem Charakter aus, in dem sich regelmäßig vermögensrechtliche Inhalte wiederfinden. Selbst ein Liebesbrief kann vermögensrechtlich relevant sein, etwa wenn durch ihn eine Schenkung oder Leihgabe belegt werden soll.[35] Eine Einordnung eines Accounts als ausschließlich höchstpersönlich wird im Ergebnis nur selten vorkommen. Aufgrund der nicht praktikablen Trennung der Inhalte die Forderung abzuleiten, dass der Facebook-Account grundsätzlich nicht vererblich sei, entspräche nicht der Vorgehensweise in der analogen Welt. Es ist zum Beispiel nicht die Pflicht des Vermieters, die Wohnung des Erblassers nach höchstpersönlichen Gegenständen und Unterlagen zu durchsuchen, bevor der Erbe Zutritt erhält.[36]

b) Vererbbarkeit von höchstpersönlichen Daten in der analogen Welt

Aussagen der erbrechtlichen Behandlung des BGB ergeben weitere Anhaltspunkte, wonach eine Differenzierung zwischen Vermögens und nicht vermögensrechtlichen Positionen abzulehnen ist. So gilt die Handhabung von privaten Schriftstücken als maßgeblich. Das Eigentum ist als sachenrechtliche Rechtsposition vererblich. Hierbei wird nicht die Sache selbst, sondern die dingliche Rechtsstellung, also das Eigentum des Erblassers, vererbt.[37] Es macht also keinen Unterschied, ob die Sache, wie z. B. Briefe, höchstpersönliche Daten enthält oder schlicht Vermögensinteressen betrifft. Im BGB kommt an zwei Stellen zum Ausdruck, dass § 1922 BGB nicht zwischen einem höchstpersönlichen, rein privaten Nachlass und einem vermögensbezogenen Nachlass

---

[32] *Martini,* JZ 2012, 1145 (1152).
[33] *Solmecke/Köbrich/Schmitt,* MMR 2015, 291 (291).
[34] *Brinkert/Stolze/Heidrich,* ZD 2013, 153 (154); *Martini,* JZ 2012, 1145 (1147).
[35] Vgl. *Bräutigam,* DAV Nr. 34/2013, S. 25; *Brisch/Müller-ter Jung,* CR 2013, 446 (447).
[36] *Herzog,* NJW 2013, 3745 (3750).
[37] *Herzog,* DAV Nr. 34/2013, S.49.

differenziert.[38] So enthält § 2373 S. 2 BGB eine Auslegungsregel, wonach Familienpapiere und Familienbilder beim Erbschaftskauf im Zweifel als nicht mitverkauft an-
zusehen sind. Dies implizit, dass gerade diese ideellen Werte Teile des Nachlasses
sind.[39] Die Begriffe ‚Familienpapiere' und ‚Familienbilder' sind weit auszulegen. Zu
ihnen zählen alle „Urkunden rechtlicher Art, Personenstandsatteste, Korrespondenzen,
Briefschaften, Tagebücher, Familiennotizen usw."[40] Unerheblich ist, ob diese Gegen-
stände wertlos sind oder einen erheblichen Vermögenswert besitzen.[41]

Gemäß § 2047 Abs. 2 BGB gilt auch für die Zeit nach der Auseinandersetzung einer
Erbengemeinschaft: „Schriftstücke, die sich auf die persönlichen Verhältnisse des Erblassers, auf dessen Familie oder auf den ganzen Nachlass beziehen, bleiben gemein-
schaftlich." Das heißt im Umkehrschluss, dass die genannten Schriftstücke Teil des
von der Erbengemeinschaft gemeinsam verwalteten Nachlasses sind, also vererbt worden sind.[42] Diese Sichtweise deckt sich mit der Rechtsprechung, wonach Tagebuch-
eintragungen ebenso dem Zugriff durch die Erben offenstehen.[43] Beide Vorschriften
regeln nicht die Vererbbarkeit von an sich höchstpersönlichen Inhalten. Sie beziehen
sich auf die dingliche Verkörperung, durch die höchstpersönliche Inhalte zum Ausdruck kommen, und ordnen diese dem Nachlass zu. Sie begründen damit nicht die
Vererbbarkeit, sondern setzen diese voraus.[44] Eine Differenzierung zwischen materi-
ellen und ideellen Vermögenswerten ist dem Erbrecht fremd. Damit werden dem Erben (nicht den Angehörigen) höchstpersönliche Inhalte grundsätzlich zugeteilt und
nicht von der Erbschaft ausgenommen.[45] Diese grundsätzliche Zuordnung höchstper-
sönlicher Inhalte auf die Erben setzt sie gleichzeitig in die Position des Nachlassver-
walters. Dieser entscheidet, wie mit diesen Inhalten umzugehen ist. Analog sollte das
Prinzip der Gesamtrechtsnachfolge auch für die höchstpersönlichen Daten im digitalen
Nachlass des Erblassers gelten.[46]

---

[38] *Deusch,* Anm. zum LG Berlin, Urt. v. 17.12.2015 – 20 O 172/15 = ZEV 2016, 189 (191).
[39] Vgl. *Herzog,* NJW 2013, 3745 (3748).
[40] *Musielak,* in: MüKo BGB, § 2373 Rn. 5.
[41] *Musielak,* in: MüKo BGB, § 2373 Rn. 5.
[42] *Pruns,* NWB 2013, 3161 (3166).
[43] Vgl. BGHZ 15, 249 – Cosima Wagner
[44] KG Urt. v. 31.05.2017 – 21 U 9/16 (BeckRS 2017, 111509),Rn. 62.
[45] *Litzenburger,* Anm. zum KG Berlin, Urt. v. 31.05.2017- 21 U 9/16 = FD-ErbR 2017, 392155;
Deusch, Anm. zum LG Berlin, Urt. v. 17.12.2015 – 20 O 172/15 = ZEV 2016, 189 (191).
[46] *Gloser,* Anm. zu LG Berlin, Urt. v. 17.12.2015 – 20 O 172/15 = DNotZ 2016, 537 (546).

2. Vererbbarkeit des schuldrechtlichen Vertragsverhältnisses

Bei einem Facebook-Account bleiben sämtliche auf der Facebook-Plattform gespeicherten Daten zunächst auf deren Servern. Da die Erben i. d. R keine Eigentumsansprüche an den Servern haben, sind die dort hinterlegten Daten zunächst nicht für die Erben zugänglich.

Wird ein schuldrechtliches Vertragsverhältnis unterstellt, geht dies in Form des Nutzungsvertrags des Erblassers mit Facebook im Wege der Universalsukzession gem. § 1922 Abs. 1 BGB auf die Erben über.[47] Die Erbschaft umfasst schuldrechtliche Ansprüche und darüber hinaus ganze Vertragsverhältnisse, welche der Erblasser eingegangen ist.[48]

Das Vertragsverhältnis ist Vermögen im Sinne des § 1922 BGB.[49] Der Erbe rückt als Gesamtrechtsnachfolger in die schuldrechtlichen Beziehungen ein, die zwischen dem Erblasser und Facebook bestanden.[50]

Das Recht des Erblassers, auf den Server zuzugreifen, ist aufgrund des vererbten Vertragsverhältnisses auf die Erben übergegangen. Ein weiterer sachenrechtlicher Bezug bzw. eine Materialisierung der Kommunikationsinhalte ist für die Vererbbarkeit von Ansprüchen aus Verträgen nicht erforderlich.[51] Dieser Argumentation folgend hat der Erbe Anspruch auf Zugang zu dem Benutzer-Account des Erblassers[52] und wird der analogen Nachlassregelung gleichgestellt.

3. Ausschluss der Vererbbarkeit aufgrund der Personenbezogenheit

Dem Zugangsanspruch könnte im Weg stehen, dass der zwischen dem Erblasser und Fb geschlossene schuldrechtliche Nutzungsvertrag eine derart besondere Personenbezogenheit aufweist, dass ein Übergang auf den Erben ausgeschlossen ist.[53]

---

[47] *Gloser*, Anm. zu LG Berlin, Urt. v. 17.12.2015 – 20 O 172/15 = DNotZ 2016, 537 (546).
[48] *Herzog*, NJW 2013, 3745 (3747).
[49] *Hornung/Müller-Ternitz*, Rechthandbuch Social Media, 2015, Kap. 7.5.5.2, Rn. 95.
[50] So auch LG Berlin Urt. v. 17.12.2015 – 20 O 172/15 = ZEV 2016, 189; *Leipold*, in: MüKo BGB, § 1922 Rn. 25.
[51] LG Berlin Urt. v. 17.12.2015 – 20 O 172/15= ZEV 2016, 189 (190).
[52] *Leipold*, in: MüKo BGB, § 1922 Rn. 25.
[53] Vgl. *Brinkert/Stolze/Heidrich*, ZD 2013, 153 (155); *Klas/Möhrke-Sobolewski*, NJW 2015, 3473 (3475).

a) Vertraglich vereinbarte Unvererblichkeit

In Betracht kommt, dass Facebook durch die Regelung Nr. 8 und Nr. 9 im 4. Abschnitt der Nutzungsbedingungen ‚Registrierung und Kontosicherheit' die Unvererbbarkeit des Nutzerkontos regeln wollte. Es gelten die Grundsätze der Vertragsauslegung:

„Nr. 8: Du wirst dein Passwort nicht weitergeben, keine andere Person auf dein Konto zugreifen lassen oder keine anderweitigen Handlungen durchführen, die die Sicherheit deines Kontos gefährden können."[54] „Nr. 9: Du wirst dein Konto an niemanden übertragen, ohne vorher unsere schriftliche Erlaubnis einzuholen."[55]

Bei diesen Regelungen geht es Facebook primär darum, die Sicherheit des Kontos eines jeden Nutzers und damit die Sicherheit des sozialen Netzwerks insgesamt zu gewährleisten. Der vierte Abschnitt der Nutzungsbedingungen behandelt neben der Registrierung die Sicherung des Accounts. Facebook geht es nicht darum, die Vererbbarkeit des Kontos zu regeln, sondern die Sicherheit des Accounts zu gewährleisten.[56]

Diese Vorschriften beziehen sich nur auf das Verhalten der Nutzer zu Lebzeiten, treffen aber keine Aussagen darüber, ob und inwieweit Rechte aus dem Vertrag im Falle des Todes des Nutzers auf die Erben übergehen.[57]

Ob Facebook grundsätzlich die Vererblichkeit durch die Nutzungsbedingungen ausschließen oder einschränken kann, ist fragwürdig, da in einer solchen Regelung eine unangemessene Benachteiligung des Account-Inhabers als Vertragspartner von Facebook gesehen werden kann.[58] Da solche Regelungen bislang nicht in den Nutzungsbedingungen von Facebook wiedergegeben werden, wird an dieser Stelle nicht weiter darauf eingegangen.

Die Regelung über den Gedenkzustand kann nicht mit der Vererblichkeit von Rechten aus dem Nutzungsvertrag in Verbindung gebracht werden. Hier handelt es sich um eine Leistungsbeschreibung im Sinne des § 307 Abs. 3 BGB.[59]

Des Weiteren kann auch ohne ausdrückliche Vertragsklausel von der Unvererblichkeit ausgegangen werden. Insoweit ist zu prüfen, ob § 399 analog angewendet werden

---

[54] *Facebook* (Hrsg.), https://de-de.facebook.com/legal/terms (Abruf vom 26.06.2017).
[55] *Facebook* (Hrsg.), https://www.facebook.com/terms (Abruf vom 26.06.2017).
[56] *Gloser,* Anm. zu LG Berlin, Urt. v. 17.12.2015 – 20 O 172/15 = DNotZ 2016, 537 (540); LG Berlin, ZEV 2016, 189 (192).
[57] KG Urt. v. 31.05.2017 – 21 U 9/16, (BeckRS 2017, 111509), Rn. 58.
[58] *Litzenburger,* Anm. zum KG Berlin, Urt. v. 31.05.2017– 21 U 9/16 = FD-ErbR 2017, 392155.
[59] KG Urt. v. 31.05.2017 – 21 U 9/16 (BeckRS 2017, 111509), Rn. 58

kann.[60] Nach § 399 BGB kann eine Forderung nicht abgetreten werden, wenn der damit stattfindende Gläubigerwechsel eine Veränderung der Leistung durch den Schuldner (Facebook) bewirkt. In diesem Zusammenhang wird angenommen, dass der Schuldner so schutzbedürftig ist, dass ihm ein Gläubigerwechsel nicht zugemutet werden kann. Dieses schutzwürdige Interesse wird in der Regel vorausgesetzt, wenn der Schuldner eine individuelle, auf eine bestimmte Person bezogene Leistung zu erbringen hat.[61] Als Provider eines standardisierten Leistungsangebots, das für alle Nutzer identisch ist, erfüllt Facebook diese Anforderungen nicht. Somit kann Facebook keine Schutzbedürftigkeit für sich in Anspruch nehmen.

b) Aufgrund der Verschwiegenheitspflicht

In der analogen Welt gilt eine Verschwiegenheitspflicht insbesondere für Ärzte, Steuerberater, Rechtsanwälte und Banken. Die Verschwiegenheitspflicht besteht gem. § 203 Abs. 4 StGB auch nach dem Tod des Anspruchsnehmers unverändert fort.

Beispielhaft stehen hierfür die Einsichtnahme in die Krankenpapiere eines Verstorbenen[62] und das anwaltliche und notarielle Beratungsgeheimnis (§ 43a Abs. 2 Satz 1 BRAO, § 18 Abs. 1, Abs. 2 Halbsatz 2 BNotO).

Der BGH begründet die Verweigerung der Auskunft gegenüber den Erben mit dem besonderen Vertrauensverhältnis als Ratio der Verschwiegenheitspflicht.[63] Diesem Vertrauensverhältnis entspricht, dass Arzt und Facebook vergleichsweise tief in die Privatsphäre ihrer Vertragspartner eindringen. Damit ist zu prüfen, ob ein ähnliches Vertrauensverhältnis mit vergleichbaren Verschwiegenheitspflichten auch auf Facebook übertragen werden kann. Gleichzeitig gilt es zu berücksichtigen, dass die Verträge zwischen Facebook und dem Nutzer Schuldverhältnisse mit überwiegendem Personenbezug sind. Der Nutzungsvertrag knüpft unmittelbar an die Person des Nutzers an und kann nicht übertragen werden.[64] Das Geheimhaltungsvertrauen ist integrale Voraussetzung der Vertragsbeziehung. Der Facebook-Nutzer setzt voraus, dass Facebook mit seinen Daten äußerst sensibel umgeht und dieser Umgang nach seinem Tod beibehalten wird. Ähnlich wie bei der Patient-Arzt-Beziehung ist davon auszugehen,

---

[60] *Leipold,* in: MüKo BGB, § 1922 Rn. 21.
[61] *Leipold,* in: MüKo BGB, § 1922 Rn. 21.
[62] BGH, Urteil v. 31.05.1983 – VI ZR 259/81 – NJW 1983, 2627.
[63] *Herzog,* Stellungnahme DAV Nr. 34, S. 55.
[64] *Klas/Möhrke-Sobolewski,* NJW 2015, 3473 (3474).

dass manche Informationen nicht auf dem Facebook-Account hinterlegt worden wären, wenn der Account-Inhaber davon ausgehen hätte müssen, dass diese Dritten offenbart werden.[65]

Jedoch ist zu bedenken, dass Facebook als Provider kein strafrechtlicher Geheimnisträger im Sinne des § 203 StGB ist. Es fehlt eine dem § 203 Abs. 4 StGB entsprechende klare Regelung. Spiegelbildlich fehlt Facebook auch das Zeugnisverweigerungsrecht im Strafverfahren.[66]

Zudem nehmen die Nutzer gegenüber Facebook als Provider kein persönliches Vertrauen in Anspruch.[67] Dies zeigt sich auch darin, dass der Nutzungsvertrag ohne Rücksicht auf die Person des Nutzers und ohne nähere Prüfung der Personenidentität abgeschlossen wird.[68] Ebenfalls wird die Identität des Nutzers im laufenden Betrieb nur in Ausnahmefällen kontrolliert.[69] Gemäß dieser Darlegung kann eine Schutzbedürftigkeit von Facebook nicht begründet werden.

II. Möglicher Auskunftsanspruch des Erben aus § 34 BDSG?

Das BDSG schützt die freie Entfaltung der Persönlichkeit, Art. 2 Abs. 1 GG. Ein Toter kann sich naturgemäß nicht mehr frei entfalten.[70] Hierin aber bereits eine Nichtanwendbarkeit des BDSG im Bereich des digitalen Nachlasses zu sehen, ist mangels anderweitiger (spezial-)gesetzlicher Regelung nicht vertretbar.[71] Ein erkennbarer fehlender Schutz nach dem Tod kann das Verhalten zu Lebzeiten beeinflussen. § 34 BDSG beinhaltet den Anspruch auf Informationsauskunft des Betroffenen über die Zulässigkeit der Speicherung seiner Daten sowie deren Richtigkeit. Im Rahmen dieser Anfrage erhält der Betroffene eine vollständige Übersicht über die gespeicherten Daten.

Eine entsprechende Regelung für Verstorbene gibt es nicht. Die anspruchsbejahende Ansicht sieht die Erben als ‚Betroffene' i. S. d. § 34 BDSG.[72] Aus praktischer Perspektive hilft der Auskunftsanspruch nicht nur den Erben bei der Nachlassabwicklung, sondern auch den Vertragspartnern. Es scheint unangemessen, die Erben auf der einen

---

[65] Vgl. *Martini*, JZ2012, 1145 (1147); a.A *Herzog,* Stellungnahme DAV Nr. 34, S. 55.
[66] *Gloser,* Anm. zu LG Berlin, Urt. v. 17.12.2015 – 20 O 172/15 = DNotZ 2016, 537 (539); *Bräutigam,* Stellungnahme DAV Nr. 34, S. 55.
[67] Vgl. *Martini*, JZ 2012, 1145 (1147); *Bräutigam*, Stellungnahme DAV Nr. 34, S. 55.
[68] *Martini*, JZ 2012, 1145 (1147).
[69] *Brinkert/Stolze/Heidrich*, ZD 2013, 153 (155).
[70] BVerfG, NVwZ 2008, 549 (550).
[71] Vgl. *Martini*, JZ 2012, 1145 (1148 f.).
[72] *Solmecke/Köbrich/Schmitt*, MMR 2015, 291 (293).

Seite als Rechtsnachfolger des Erblassers, auf der anderen Seite aber nicht als Betroffene i. S. d. § 34 BDSG zu sehen.[73] Der Auskunftsanspruch aus § 34 BSDG schaffe für beide Seiten Rechtssicherheit.[74]

Die anspruchsablehnende Ansicht argumentiert, dass es fraglich sei, ob das Auskunftsbegehren der Erben wirklich im Interesse des Verstorbenen erfolge. Für eine analoge Anwendung auf die Erben fehle es am Merkmal der 'Betroffenheit'. Es wird von keiner planwidrigen Regelungslücke ausgegangen, da es vom Gesetzgeber beabsichtigt war, das BSDG nur auf Lebende anzuwenden.[75] Zudem sei ein Rückgriff auf den datenschutzrechtlichen Auskunftsanspruch nicht erforderlich. Damit wird auf die Vorgehensweise nach dem BGB verwiesen, die im Bereich des digitalen Nachlasses einen Auskunftsanspruch aus Vertrag i. V. m § 1922 BGB herleitet.[76] Die Rechtslage ist bislang ungeklärt.[77]

D. Rechtsverletzung bei Zugriffsgewährung durch den Provider

Wird der vorangegangenen Argumentation gefolgt, scheint Facebook aus erbrechtlicher Perspektive dazu verpflichtet zu werden, den Zugang zum Account des Erblassers den Erben zur Verfügung zu stellen. Mit Übergang des Vertragsverhältnisses auf die Erben besteht der Auskunftsanspruch gegenüber Facebook.[78] Jedoch ist die rein zivilrechtliche Betrachtungsweise zu kurz gegriffen[79] und andere Rechtsfelder müssen mit einbezogen werden.

Namentlich kann sich aus dem verfassungsrechtlichen postmortalen Persönlichkeitsschutz oder aus den einfachgesetzlichen Vorschriften des Datenschutzrechts eine Unzulässigkeit der Zugangsgewährung ergeben. Eine Einbeziehung dieser Rechtsfelder gibt Aufschluss darüber, ob Facebook den Zugang zum Account aus diesen Gründen verweigern darf oder im Umkehrschluss zur Herausgabe der Daten verpflichtet ist.

---

[73] LG Berlin, Urt. v. 17.12.2015 – 20 O 172/15= ZEV 2016, 189 (194).
[74] *Solmecke/Köbrich/Schmitt*, MMR 2015, 291 (293).
[75] *Klas/Möhrke-Sobolewski*, NJW 2015, 3473 (3475).
[76] *Klas/Möhrke-Sobolewski*, NJW 2015, 3473 (3476).
[77] a.A Anspruch verneinend KG Urt. v. 31.05.2017 – 21 U 9/16 (BeckRS 2017, 111509), Rn 104.
[78] LG Berlin, Urt. v. 17.12.2015 – 20 O 172/15= ZEV 2016, 189 (191ff.).
[79] *Martini*, JZ2012, 1145, (1146f.)

I. Postmortaler Persönlichkeitsschutz

1. Achtung der Würde des Verstorbenen

Anerkannt ist, dass die Persönlichkeit des Menschen über den Tod hinaus geschützt wird. [80]Dies folgt aus dem Grundrecht des Art. 1, I GG, wonach die Würde des Menschen unantastbar ist.[81] Das allgemeine Persönlichkeitsrecht gilt auch für den Verstorbenen, um seinen allgemeinen Achtungsanspruch zu schützen. Der Verstorbene hat durch seine eigene Lebensleistung einen sittlichen, personalen und sozialen Geltungswert erworben.[82] Es besteht die Gefahr, dass das Lebensbild eines Menschen beeinträchtigt wird, wenn Dritte Zugang zu den höchstpersönlichen Daten des Erblassers erhalten. Aufgrund dessen kann das hinterlassene Bild revidiert werden. Zum postmortalen Persönlichkeitsschutz gehört, dass der Einzelne auch nach seinem Tod gegen die Ausforschung seiner Persönlichkeit durch unbefugte Dritte geschützt bleibt.[83] Unbefugte ‚Dritte' in diesem Sinne können auch Erben oder Angehörige sein.[84] Jedoch ist an dieser Stelle nicht ersichtlich, wieso in der digitalen Welt etwas anderes gelten sollte als in der analogen. In der analogen Welt gehen die höchstpersönlichen Daten in dinglicher Form auf die Erben über. Damit werden die Erben automatisch als postmortale Nachlassverwalter des Toten eingesetzt.

2. Tragweite – Schutz der freien Entfaltung des Lebenden

Ein Grundgedanke des postmortalen Persönlichkeitsschutzes ist, dass sich der Mensch bei all seinem Handeln auch und gerade von zukünftigen Entwicklungen leiten lässt. Postmortaler Persönlichkeitsschutz ist insoweit auch Vertrauensschutz für die Lebenden.[85]

In diesem Zusammenhang ist zu bedenken, dass die nachträgliche Gewährung des Zugangs sich bereits zu Lebzeiten auf das Nutzverhalten des Erblassers niederschlägt. Fehlt die Gewissheit eines dauerhaften Schutzes der Daten, sind die Nutzer bereits zu Lebzeiten in der freien Entfaltung ihrer Persönlichkeit gehindert. Es ist für die Nutzer

---

[80] BGH Urt. v. 20.03.1968- I ZR 44/66 "Mephisto", (GRUR 1968, 552), Rn. 554.
[81] BGH NJW 2009, 751 (752).
[82] BVerfG, NJW 2001, 2957 (2958).
[83] *Martini*, JZ2012, 1145, (1149f.).
[84] *Martini*, JZ2012, 1145, (1149f)
[85] *Martini*, JZ2012, 1145, (1150f.).

wichtig, darauf vertrauen zu können, dass ihre Daten auch nach dem Tode nur denjenigen zugänglich gemacht werden, denen sie diese zugänglich machen wollten.[86] An dieser Stelle ist auf die von Facebook angebotene Leistung hinzuweisen, die bereits den Willen des Erblassers zum Ausdruck bringt, indem dieser verfügen kann, dass seine Daten nach seinem Ableben gelöscht werden.

3. Wahrnehmungsberechtigte

a) Grundsätzliche Überlegung

Das postmortale Persönlichkeitsrecht bleibt das Recht des Erblassers. Naturgemäß kann er dieses nach seinem Tod nicht ausüben. Das Recht zur Ausübung geht auf einen vom Erblasser bestimmten Wahrnehmungsberechtigten über. Hat der Erblasser niemanden zu Lebzeiten ernannt, sind diese die nächsten Angehörigen. Sie können keine eigenen Ansprüche geltend machen, sondern nur das, was zum postmortalen Schutz des Erblassers erforderlich ist.[87]

Wie unter Punkt C. I. 1. b) ausgeführt, gehen die vermögensrechtlichen Teile auf die Erben über. Eine Trennung zwischen rein vermögensrechtlichen und nicht vermögensrechtlichen Inhalten ist nicht möglich und die Erben haben damit automatisch Einfluss auf das postmortale Persönlichkeitsrecht des Erblassers. Demgegenüber stehen die Ansprüche der Angehörigen (soweit Angehörige und Erben nicht identisch sind). Hat der Erblasser einen Erben bestimmt, der nicht zum Kreis der Angehörigen gehört, ist i. d. R davon auszugehen, dass in diese Person auch das Vertrauen gesetzt wird, mit den höchstpersönlichen Inhalten des Erblassers vertrauensvoll umzugehen.[88] Auf diesem Wege werden die Angehörigen bewusst von der Wahrung der postmortalen Persönlichkeitsrechte des Erben ausgeschlossen.[89] Nach wie vor verfügen die nächsten Angehörigen unverändert über Abwehrrechte, die geltend gemacht werden können, wenn die Erben mit den ihnen zugänglich gemachten höchstpersönlichen Dateninhalten in einer Art und Weise umgehen, welche das postmortale Persönlichkeitsrecht des Erblassers verletzt.[90]

---

[86] *Martini*, JZ2012, 1145, (1150f.).
[87] *Staudinger/Marotzke*, BGB, §1922 Rdn. 131.; KG Urt. v. 31.05.2017 – 21 U 9/16 (BeckRS 2017, 111509), Rn. 64.
[88] KG Urt. v. 31.05.2017 – 21 U 9/16 (BeckRS 2017, 111509), Rn. 64.
[89] KG Urt. v. 31.05.2017 – 21 U 9/16 (BeckRS 2017, 111509), Rn. 64.
[90] KG Urt. v. 31.05.2017 – 21 U 9/16 (BeckRS 2017, 111509), Rn. 64.

b) Im Fall des minderjährigen Erblassers

Erziehungsberechtigte sind Sachwalter des Persönlichkeitsrechts ihrer Kinder.[91] Waren sie zu Lebzeiten zur Kenntnisnahme berechtigt, so kann sich dies durch deren Tod nicht geändert haben. Wird davon ausgegangen, dass der Wahrnehmungsberechtigte berechtigt ist, Kenntnisse von höchstpersönlichen Inhalten zu erhalten, steht hier das postmortale Persönlichkeitsrecht dem nicht entgegen.[92] Auch wenn mit Tod des Kindes der Status der Eltern als Erziehungsberechtigte verloren geht, bleiben sie doch als Erben des Kindes die Sachwalter der postmortalen Persönlichkeitsrechte.

4. Schlussfolgerung

Beim digitalen Nachlass konkurrieren Erbrecht und postmortales Persönlichkeitsrecht, während in der analogen Welt das postmortale Persönlichkeitsrecht im Rahmen des dinglichen Erbes den Erben direkt zugeordnet wird. Die bisherige Praxis in der analogen Welt hat sich bisher bewährt, da den Angehörigen, sofern sie nicht Erben sind, ausreichende rechtliche Mittel zur Verfügung stehen, um das postmortale Persönlichkeitsrecht des Verwandten zu schützen.

Aufgrund dieser Argumentation ergibt sich, dass das postmortale Persönlichkeitsrecht kein grundsätzlicher Hinderungsgrund sein kann, um auf den digitalen Nachlass zuzugreifen. Im Umkehrschluss kann das postmortale Persönlichkeitsrecht allerdings auch nicht den rechtlichen Zugang zum digitalen Nachlass begründen.

II. Sachlich anwendbares Datenschutzrecht

Das Datenschutzrecht hat als Ausprägung des Rechts auf informationelle Selbstbestimmung (Art. 2 Abs. 1 i. V. m. Art. 1 Abs. 1 GG) den Auftrag, den Einzelnen vor Beeinträchtigungen des Persönlichkeitsrechts durch den Umgang mit personenbezogenen Daten zu schützen (§ 1 Abs. 1 BDSG). Daraus resultierend kommen für den Schutz der Inhalte eines Facebook-Accounts insbesondere die Vorschriften des Telekommunikationsgesetzes und des Telemediengesetzes in Betracht. Dies setzt voraus, das Facebook als Anbieter des TKG und TMG gesehen wird.[93]

---

[91] OVG Hamburg, Urt. v. 12.3.1956 – OVG Bf II 83/55= NJW 1956, 1173 (1173f.)
[92] LG Berlin, Urt. v. 17.12.2015 – 20 O 172/15= ZEV 2016, 189 (192).
[93] KG Urt. v. 31.05.2017 – 21 U 9/16 (BeckRS 2017, 111509), Rn.69ff.

1. TKG

Telekommunikationsdienste sind solche, die ganz oder überwiegend der Übertragung von Signalen über Telekommunikationsnetze dienen, vgl. § 3 Nr. 24 TKG. Zu den Dienstanbietern gehören auch die Internet-Service-Provider, soweit sie Telekommunikationsdienste anbieten, wie z. B. den Messanger-Dienst oder das Teilen von Inhalten mit anderen Facebook-Nutzern.[94] Zwar bedient sich Facebook der technischen Signalübertragung Dritter, jedoch ist der Dienst an sich Facebook zuzurechnen, da Facebook gegenüber seinen Nutzern einen vollumfänglichen Kommunikationsdienst anbietet.[95]

2. TMG

Als Dienstanbieter von Telemedien gem. § 2 Nr. 1 TMG stellt Facebook seinen Nutzern einen Server zur Speicherung von Inhalten zur Verfügung.[96] Grundsätzlich gilt für die Anwendung des TMG das Herkunftslandprinzip des § 3 Abs. 2 S. 1 TMG. Danach muss ein Anbieter von Telemediendiensten nur das Sachrecht des Staates beachten, in dem er seinen Sitz hat, auch wenn er Telemediendienste grenzüberschreitend in einem anderen EU-Mitgliedsstaat erbringt.[97] Dies ist bei Facebook Irland.[98] Allerdings liegt hier der Ausnahmetatbestand des § 3 Abs. 3 Nr. 1 TMG vor, wonach Facebook den Einschränkungen des innerstaatlichen Rechts unterliegt.[99] Für die Nutzer mit Wohnsitz in Deutschland gilt die Sonderbedingung, dass der Nutzungsvertrag deutschem Recht unterliegt.[100] Facebook als Telemedienanbieter unterliegt gem. § 7 Abs. 2 S. 3 TMG dem Fernmeldegeheimnis nach § 88 TKG.

3. Das Fernmeldegeheimnis

Das in Art. 10 GG niedergelegte Fernmeldegeheimnis gilt unmittelbar im Verhältnis des Bürgers zum Staat. § 88 TKG überträgt als einfachgesetzliche Ausgestaltung den Schutzgehalt des Art. 10 Abs. 1 GG auf das Verhältnis Privater zueinander.[101] Heute

---

[94] *Bock*, in Beck'schen Komm. TKG., § 88, Rn. 22.
[95] KG Urt. v. 31.05.2017 – 21 U 9/16, (BeckRS 2017, 111509), Rn. 69.
[96] *Deusch*, ZEV 2014, 2 (6).
[97] *Ziegler* (Hrsg.), https://www.ulm.ihk24.de/blob/ulihk24/recht_und_fair_play/Anlagen_Recht_Fair_Play/PDFs_Recht_und_Fair_Play/1618128/d58493eca5ef5620300a2ed01266dc25/Rechtliche_Neuerungen_durch_das_Telemediengesetz-data.pdf (Abruf vom 26.06.2017).
[98] *Facebook* (Hrsg.), https://www.facebook.com/terms (Abruf vom 26.06.2017).
[99] *Müller-Broich*, in Nomos-BR TMG, § 3, Rn. 9f.
[100] *Facebook* (Hrsg.), https://www.facebook.com/terms/provisions/german/index.php (Abruf vom 26.06.2017) Ziffer 15.1 wird ersetzt durch: Diese Erklärung unterliegt deutschem Recht.
[101] *Bock*, in Beck'schen Komm. TKG., § 88, Rn. 1; KG Urt. v. 31.05.2017 – 21 U 9/16 (BeckRS 2017, 111509), Rn.68.

werden Kommunikationsleistungen durch private Unternehmen angeboten, die damit in die Daseinsvorsorge des Staates eingetreten sind.[102] Die Schutzbereiche beider Normen sind identisch.[103]

4. Schutzbereich des § 88 TKG

Der Schutzbereich des § 88 TKG umfasst den Inhalt und die Umstände der über Facebook ausgetauschten privaten Nachrichten und der mit einem begrenzten Nutzerkreis geteilten Inhalte.[104] Öffentlich zugängliche Inhalte des Facebook-Accounts, also diejenigen, die für jedermann einsehbar sind, unterliegen nicht dem Fernmeldegeheimnis.[105] Das TKG schützt sowohl den Absender als auch den Empfänger der Nachrichten. [106] § 88 Abs. 1 TKG definiert den sachlichen Schutzbereich des Fernmeldegeheimnisses. Was unter ‚Telekommunikation' zu verstehen ist, sagt § 3 Nr. 22 TKG: der „technische Vorgang des Aussendens, Übermittelns und Empfangens von Signalen mittels Telekommunikations-Anlagen".

Das Telekommunikationsgeheimnis erstreckt sich nur auf Telekommunikationsvorgänge. Umstritten ist, wann der zeitliche Anwendungsbereich des Fernmeldegeheimnisses endet.[107] Kommunikationsvorgänge eines E-Mail-Accounts sieht das BVerfG so lange als nicht beendet an, wie die Nachrichten noch beim Provider gespeichert sind.[108] Auch bei Facebook verbleiben die Daten weiter in dessen Herrschaftsbereich. So lange besteht auch die spezifische Gefährdungslage, vor der Art. 10 Abs. 1 GG schützen soll. Der Gesetzgeber möchte verhindern, dass Dritte unbemerkt Einblicke in Kommunikationsvorgänge nehmen, die unter Einschaltung eines Kommunikationsmittlers vorgenommen wurden.[109]

Der Anwendung der Regelung des Telekommunikationsgeheimnisses auf die auf den Servern von Facebook gespeicherten Kommunikationsvorgänge steht nicht entgegen, dass diese Speicherung zeitlich unbegrenzt vorgenommen wird.[110] Denn daraus ergibt

---

[102] *Deusch*, ZEV 2014, 2 (5).
[103] BVerfG, Beschl. v. 9.10.2002 - 1 BvR 1611/96, 1 BvR 805/98, AP BGB § 611 Persönlichkeitsrecht Nr. 34.
[104] KG Urt. v. 31.05.2017 – 21 U 9/16 (BeckRS 2017, 111509), Rn.76.
[105] *Deusch*, ZEV 2014, 2 (6).
[106] KG Urt. v. 31.05.2017 – 21 U 9/16 (BeckRS 2017, 111509), Rn.85.; *Bock*, in Beck'schen Komm. TKG., § 88, Rn. 11.
[107] KG Urt. v. 31.05.2017 – 21 U 9/16 (BeckRS 2017, 111509), Rn.76.
[108] BVerfG, MMR 2009, 673 (674 f.).
[109] *Martini*, JZ2012, 1145, (1150).
[110] KG Urt. v. 31.05.2017 – 21 U 9/16 (BeckRS 2017, 111509), Rn.77.

sich die Gefahr eines noch jederzeitig möglichen unberechtigten Zugriffs durch Dritte auf die gespeicherten Telekommunikationsdaten.[111]

5. Wahrung des Fernmeldegeheimnisses

Die Erlaubnis in § 88 TKG zur Weitergabe von Daten im Rahmen der Telekommunikation geht nur so weit, wie dies zur geschäftlichen Erbringung des Telekommunikationsdienstes erforderlich ist[112] und umfasst auch nur diejenigen Daten, zu deren Weiterleitung der Absender seine Einwilligung erklärt hat.[113]

a) Weitergabe im „für die geschäftsmäßige Erbringung der Telekommunikationsdienste [...] erforderlichen Maß"

§ 3 Nr. 10 TKG definiert das geschäftsmäßige Erbringen von Telekommunikationsdiensten als das „nachhaltige Angebot von Telekommunikation für Dritte mit oder ohne Gewinnerzielungsabsicht". Welches Maß an Kenntnis zur Erbringung des Telekommunikationsdienstes erforderlich ist, kann nur im Hinblick auf den jeweiligen Telekommunikationsdienst ermittelt werden.[114] Die Hauptleistungspflicht von Facebook ist die Bereitstellung der Plattform zu deren Nutzung. In dem von Facebook betriebenen Messanger-Dienst müssen außerdem die eingehenden Nachrichten für die Nutzer zum Abruf bereitgehalten werden. [115]

Jeder Nutzer hat einen Anspruch auf Abrufbarkeit gegen Facebook. Im Sinne des Zivilrechts treten die Erben mit allen Rechten und Pflichten in den Vertrag des Erblassers ein und erben somit auch den Anspruch auf Abrufbarkeit des Facebook-Accounts. Dabei könnte davon ausgegangen werden, dass, wenn Facebook den Erben Zugang zum Account gewährt, eben nur dieser Anspruch erfüllt wird.[116] Jedoch ist hierbei zu berücksichtigen, dass Facebook bei der geschäftsmäßigen Erbringung von Telekommunikationsdiensten sicherstellen muss, dass die Kommunikationsdienste im Einklang mit § 88 TKG erfolgen. Die Erben des Facebook-Accounts wollen auf erbrachte Dienstleistungen zurückgreifen, die seitens Facebook auf die Person des Nutzers beschränkt angeboten wurde. Gleichzeitig erfolgt damit ein Eingriff in den Schutzbereich des Telekommunikationsgeheimnisses der Kommunikationspartner, mit denen der

---

[111] KG Urt. v. 31.05.2017 – 21 U 9/16 (BeckRS 2017, 111509), Rn. 77.
[112] KG Urt. v. 31.05.2017 – 21 U 9/16 (BeckRS 2017, 111509), Rn. 78.
[113] Vgl. *Mayen*, Stellungnahme DAV Nr. 34/2013, S. 75 ff.
[114] *Bock*, in Beck'schen Komm. TKG., § 88, Rn. 26.
[115] *Deusch*, Anm. zum LG Berlin, Urt. v. 17.12.2015 – 20 O 172/15 = ZEV 2016, 189 (189); Vgl. KG Urt. v. 31.05.2017 – 21 U 9/16 (BeckRS 2017, 111509), Rn. 80.
[116] *Gloser*, Anm. zu LG Berlin, Urt. v. 17.12.2015 – 20 O 172/15 = DNotZ 2016, 537 (542).

Erblasser kommuniziert hatte. Diese müssen darauf vertrauen können, dass nach dem Tod ein Zugang zu dem Konto des Nutzers nicht mehr möglich ist und somit Dritte nicht ohne Weiteres einen Zugang zum Account des Kommunikationspartners und damit zum Inhalt der gemeinsamen Kommunikation haben können. Eine Zugangsgewährung der Erben ist für die geschäftsmäßige Erbringung der Telekommunikationsdienste im Sinne des § 88 Abs. 3 S. 1 und 2 TKG nicht erforderlich.[117] Damit greift das Verbot des § 88 Abs. 3 S. 1 TKG.

b) Das kleine Zitierverbot § 88 Abs. 3 S. 3 TKG

Jede weitergehende Ausnahme bedarf einer anderweitigen gesetzlichen Ermächtigung, die sich namentlich ausdrücklich auf Telekommunikationsvorgänge bezieht. Insbesondere findet sie Anwendung auf den Erben, denn dieser ist Dritter i. S. d. § 88 Abs. 3 S. 1 TKG, auch wenn er in die Rechte und Pflichten des Erblassers eintritt.[118] Dies bedeutet, dass die Regelung des § 1922 Abs. 1 BGB nicht allein als ausreichende gesetzliche Ermächtigung für den Internetprovider angesehen werden kann. Diese Regelung verweist nicht ausdrücklich auf eine Ausnahme des Telekommunikationsgesetzes bzw. des Fernmeldegeheimnisses.[119] Facebook kann zur Realisierung des gesetzlichen Erbrechts den Erben keine Kenntnis der auf den Servern gespeicherten Nachrichten verschaffen.

Auch aus den datenschutzrechtlichen Vorschriften der §§ 91 ff. ergibt sich keine Erlaubnis der Zugangsverschaffung für die Erben.[120] Was datenschutzrechtlich nicht gestattet ist, dient auch nicht zur Erbringung von Diensten.[121] Bei E-Mails handelt es sich um Verkehrsdaten i. S. d. § 3 Nr. 30 TKG, d. h. um Daten, die bei der Erbringung eines Telekommunikationsdienstes erhoben, verarbeitet oder genutzt werden. Bei Facebook ergibt sich ein vergleichbarer Sachverhalt durch das Versenden der Nachrichten. Solche Verkehrsdaten dürfen nur in dem durch § 96 Abs. 1 Nr. 1 bis 5 TKG beschriebenen Umfang erhoben und verwendet werden. Die Kenntnisnahme oder gar Weitergabe des Inhalts einer E-Mail bzw. Nachricht zählt nicht hierzu.[122] Zudem dürfen auch die

---

[117] KG Urt. v. 31.5.2017 – 21 U 9/16 (BeckRS 2017, 111509), Rn. 81.
[118] KG Urt. v. 31.05.2017 – 21 U 9/16, (BeckRS 2017, 111509) Rn.80.; a. A. *Steiner/Holzer*, ZEV 2015, 262.
[119] KG Urt. v. 31.05.2017 – 21 U 9/16, (BeckRS 2017, 111509) Rn.81.
[120] vgl. *Bock*, in Beck'schen Komm. TKG., § 88, Rn. 10.; KG Urt. v. 31.05.2017 – 21 U 9/16, (BeckRS 2017, 111509) Rn.82.
[121] *Mayen,* Stellungnahme DAV Nr. 34/2013, S. 81.
[122] *Mayen,* Stellungnahme DAV Nr. 34/2013, S. 81.

gespeicherten Verkehrsdaten über das Ende der Verbindung hinaus nur verwendet werden, soweit sie zum Aufbau weiterer Verbindungen oder für die in §§ 97, 99, 100 und 101 TKG genannten Zwecke oder für durch andere gesetzliche Vorschriften begründete Zwecke erforderlich sind.[123] Die ersten beiden Alternativen scheiden im vorliegenden Zusammenhang ersichtlich aus. Die dritte Alternative soll nicht im Sinne einer stillschweigenden Ermächtigung zur Weitergabe des Dateninhalts zur Realisierung des Erbrechts verstanden werden dürfen, da anderenfalls das Zitiergebot des § 88 Abs. 3 S. 3 TKG leerliefe.[124]

c) Einwilligung

Auch die Weitergabe der auf dem Server von Facebook gespeicherten Nachrichten des Erblassers an die jeweiligen Erben ist ein Eingriff in das Fernmeldegeheimnis, soweit sie nicht im Einzelfall von der Einwilligung der Betroffenen gedeckt ist.[125] Liegt diese vor, ist der tatbestandliche Schutzbereich des Fernmeldegeheimnisses nicht eröffnet.

aa) Einwilligung bei Hinterlassung des Passwortes durch den Erblasser

Das Fernmeldegeheimnis schützt Adressat und Empfänger von Nachrichten und damit insbesondere die Absender, die Nachrichten an den Erblasser geschickt haben. Dadurch wird offensichtlich, dass allein eine Einwilligung des Erblassers auf Zugriff seiner Daten dem Fernmeldegeheimnis nicht gerecht wird. Auch wenn davon ausgegangen wird, dass der Erblasser jederzeit die Möglichkeit hatte, Nachrichten ohne Einwilligung des Absenders weiterzuleiten, stellt dies keine Rechtfertigung für die Zugriffsgewährung der Erben auf sämtliche Kommunikationsinhalte dar. Auch, wenn sich Kommunikationsteilnehmer auf die Vertraulichkeit ihrer Kommunikationspartner weder tatsächlich noch rechtlich verlassen können, sollten alle Teilnehmer zumindest dem Medium vertrauen können.[126]

bb) Keine Einwilligung durch den Abschluss des Nutzungsvertrags

Wer ein Teilnehmer- oder Benutzerverhältnis eingeht, weiß zwar in der Regel, dass es technische Möglichkeiten gibt, auf die Kommunikationsinhalte zuzugreifen, er willigt damit aber nicht darin ein, dass auf die Kommunikationsinhalte tatsächlich zugegriffen

---

[123] *Mayen*, Stellungnahme DAV Nr. 34/2013, S. 81.
[124] *Mayen*, Stellungnahme DAV Nr. 34/2013, S. 81.
[125] *Mayen*, Stellungnahme DAV Nr. 34/2013, S. 75ff.
[126] KG Urt. v. 31.5.2017 – 21 U 9/16 (BeckRS 2017, 111509), Rn. 90.

wird.[127] Für das Vorliegen einer eingriffsausschließenden Einwilligung bedarf es eines spezifischen Einverständnisses des Betroffenen, dass Facebook die Nachrichten den Erben eines der Kommunikationspartner überlässt.[128] Dies ist nur im Rahmen einer individuellen und auf die Einzelkommunikation bezogenen Einwilligung zu realisieren. Diese Funktion bietet Facebook jedoch nicht an.

cc) Konkludente Einwilligung des Absenders in die Bekanntgabe der Account-Daten durch den Provider im Erbfall des Empfängers?

Ein Facebook-Account zeichnet sich gerade dadurch aus, das unterschiedliche Inhalte gezielt mit verschiedenen Nutzern geteilt werden. Allein aus diesem Grund kann nicht von einer konkludenten Einwilligung aller Nutzer ausgegangen werden, ihre Inhalte mit Unbekannten Dritten zu teilen. Insofern kann von einer Weitergabe nach dem Grundgedanken des § 157 BGB nach Treu und Glauben von einer impliziten Zustimmung der Betroffenen nicht ausgegangen werden.[129]

d) Vergleich zur analogen Welt

Die Notwendigkeit einer gesetzlichen Regelung ergibt sich auch aus einer parallelen Betrachtung des Postgeheimnisses.[130] Der Postdienstleister ist gem. § 39 Abs. 3 S. 4 PostG ausdrücklich dazu ermächtigt, vertragliche Vereinbarungen zur Auslieferung von Postsendungen an Ersatzempfänger zu treffen. Folglich haben die Postdienstleister in ihren Allgemeinen Geschäftsbedingungen den Entscheidungsspielraum geschaffen, Postsendungen an Ersatzempfänger zuzustellen. Im Umkehrschluss steht dem Absender frei, den Postdienstleister vertraglich anzuweisen, die Postsendung ausschließlich dem Empfänger zuzustellen.[131]

Eine vergleichbare Regelung fehlt im TKG. Somit hat der Provider keine Möglichkeit, sich durch die jeweiligen AGB von den Bindungen des Fernmeldegeheimnisses zu befreien. Die Daten des verstorbenen Nutzers können nicht auf einen Dritten, etwa den Erben, übertragen werden.[132] Eine direkt vergleichbare Situation in der ‚analogen

---

[127] BVerfGE 85, 386, 398.
[128] *Mayen,* Stellungnahme DAV Nr. 34/2013, S. 76.
[129] *Mayen,* Stellungnahme DAV Nr. 34/2013, S. 77.
[130] *Brisch/Müller-ter Jung,* CR 2013, 446, (451).
[131] Ziff. 3 der AGB Brief National der Deutschen Post AG ermöglicht dem Absender, durch eine „Vorausverfügung" festzulegen, die Zustellung an einen Ersatzempfänger gemäß Ziff. 4 Abs. 3 der AGB zu unterlassen.
[132] *Deusch,* ZEV 2014, 2 (6).

Briefwelt' gibt es nicht, allerdings zeigt die Vorgehensweise, dass sinnvolle Regelungen Freiräume schaffen können, die allen Beteiligten dienen, ohne die Gesetzgebung zu unterlaufen. Eine ähnliche Vorgehensweise sollte für den digitalen Nachlass möglich sein.

6. Gewichtung der Grundrechte

Es liegt ein Zusammentreffen des durch Art. 10 GG geschützten Telekommunikationsgeheimnisses und des durch Art. 14 GG geschützten Erbrechts vor. Unter Berücksichtigung der vorangegangenen Aspekte kann eine Gewichtung vorgenommen werden. Je nach Gewichtung kann zu dem Schluss gekommen werden, dass wahlweise das Fernmeldegeheimnis[133] oder das Erbrecht hinter das jeweils andere Grundrecht zurücktreten muss. In der Verfassungslehre ist die praktische Konkordanz zur Lösung von Grundrechtskollisionen allgemein anerkannt.[134]

Hierbei handelt es sich um einen Abwägungsvorgang mit dem Ziel, die widerstreitenden Grundrechtspositionen in praktische Konkordanz zu bringen. All dies erfordert eine Abwägung der widerstreitenden Belange. Die praktische Konkordanz bezieht sich auf den Einzelfall und kann nicht als generelle Regel definiert werden, die einer Position einen grundsätzlichen Vorrang einräumt.[135] Dies ist dann möglich, wenn ein entsprechender Gesetzgebungsvorgang oder eine verfassungsrechtliche Überprüfung des Gesetzes vorgenommen wird.[136] Jedoch gibt die praktische Konkordanz nur im Einzelfall eine Rechtfertigung für einen Eingriff.[137] Eine Abwägung zwischen Art. 10 GG und Art. 14 GG kann folglich nur für den Einzelfall erfolgen.

E. Abschließende Bewertung

Die ersten Urteile zeigen, dass nach den heute vorhandenen Normen die Thematik sehr kontrovers betrachtet wird und sich eine gängige Rechtsmeinung bislang noch nicht gebildet hat. Der Facebook-Account stellt nur einen Teilbereich des digitalen Nachlasses dar. Die Urteile werden jedoch als richtungsweisend für die gesamte Thematik des digitalen Nachlasses verstanden. Wenn in die Zukunft geblickt wird, werden wesentliche Bestandteile der Nachlässe nur noch in digitaler Form vorliegen (z. B. Bilder;

---

[133] *Solmecke/Köbrich/Schmitt*, NJW 2015, 3473.
[134] KG Urt. v. 31.05.2017 – 21 U 9/16, (BeckRS 2017, 111509), Rn. 87.
[135] Vgl. BVerfG77, 240 (253).
[136] KG Urt. v. 31.05.2017 – 21 U 9/16, (BeckRS 2017, 111509), Rn. 87.
[137] A. A KG Urt. v. 31.05.2017 – 21 U 9/16, (BeckRS 2017, 111509), Rn. 87.

Kontoauszüge, die Dokumentation von Verträgen etc.). Wird eine Abwägung der Gewichtung zwischen den nur mittelbar beteiligten Dritten und den unmittelbar beteiligten Erben vorgenommen, stellt das Erbrecht meines Erachtens das vorrangige Recht aufgrund der starken wirtschaftlichen Bedeutung dar. Ebenso wichtig sind aber meines Erachtens auch die immateriellen Werte für die Erben (und sei es ‚nur' die Dokumentation der Familienbilder), aber auch für die Gesellschaft insgesamt, gedacht wird hier an die aktuelle Diskussion zum Nachlass des Altkanzlers Kohl.

Bei einer restriktiven Handhabung des Zugriffs auf die digitalen Nachlässe stehen kulturelle Werte zur Disposition, die absolut erhaltenswert und damit schutzwürdig sind.

Diese Thematik bedarf einer grundsätzlichen Entscheidung. Je nach Gewichtung verhindert das Fernmeldegeheimnis nach jetziger Gesetzeslage einen Zugriff der Erben auf den Facebook-Account des Erblassers, solange diese Inhalte auf dem Server von Facebook liegen.

Würden die Daten lokal vorliegen, würden sie den Erben uneingeschränkt zur Verfügung stehen. Im digitalen Zeitalter ist diese Rechtsprechung nicht mehr zeitgemäß.

Daten werden zukünftig vermehrt auf externen Servern liegen, auf welche der Nutzer keinen direkten Zugriff hat.

Vergleichbar mit dem Versenden von Briefen müssen auch Absender von Nachrichten damit rechnen, dass die erfolgte Kommunikation später von den Erben wahrgenommen werden kann. Erben sind schon heute in der analogen Welt die Verwalter der höchstpersönlichen Daten des Erblassers und damit auch von Personen, die mit dem Erblasser in Kontakt standen. Es sind Vorgaben zu entwickeln, die Datenschutzgesetze dieser Sichtweise ‚anzupassen' und in einem ersten Schritt die in der analogen Welt etablierten und funktionierenden Regeln auf die digitale Welt zu transferieren.

Ingram Content Group UK Ltd.
Milton Keynes UK
UKHW040808240723
425668UK00003B/223